Dirección editorial: María Jesús Díaz
Textos: Eduardo Trujillo
Ilustraciones: F. Valiente / Equipo Susaeta

© SUSAETA EDICIONES, S.A. - Obra colectiva
C/ Campezo, 13 - 28022 Madrid
Tel.: 91 3009100 - Fax: 91 3009118
www.susaeta.com

Cualquier forma de reproducción o transformación de esta obra
sólo puede ser realizada con la autorización del titular del
copyright. Diríjase además a CEDRO (Centro Español de Derechos
Reprográficos, www.cedro.org) si necesita fotocopiar o escanear
algún fragmento de esta obra.

BUSCA EN LOS TRENES Y ESTACIONES

susaeta

LOS ORÍGENES DEL TREN

Aunque se trata de un medio de transporte muy antiguo, el ferrocarril que conocemos hoy en día se desarrolló en la primera mitad del siglo XIX, durante la Revolución Industrial. Provocó una gran transformación en la sociedad al permitir el transporte rápido y económico de personas y mercancías de una forma regular y bastante segura.

El ferrocarril siempre se compone de uno o varios **vehículos con ruedas que se desplazan sobre raíles**, impulsados por una máquina. Están destinados al transporte de personas o mercancías.

¿Serías capaz de ver 2 serpientes?

Hay un indio mirando cómo pasa el tren. ¿Lo ves?

Desde muy antiguo se han utilizado **vagonetas en las minas** para transportar el mineral. Ahí se observó que era mucho más fácil desplazarlas encajando las ruedas sobre carriles de madera. Yo veo 3 zorros del desierto. ¿Y tú?

Para abrir paso a los trenes **se han perforado larguísimos túneles** en montañas de roca pura.

Las vías férreas atraviesan **miles de kilómetros de llanuras y desiertos.**

Hasta la **invención de la locomotora a vapor**, los trenes se impulsaban con la fuerza del hombre o de animales como el caballo. ¿Tendrás fuerza para buscar 3 castores?

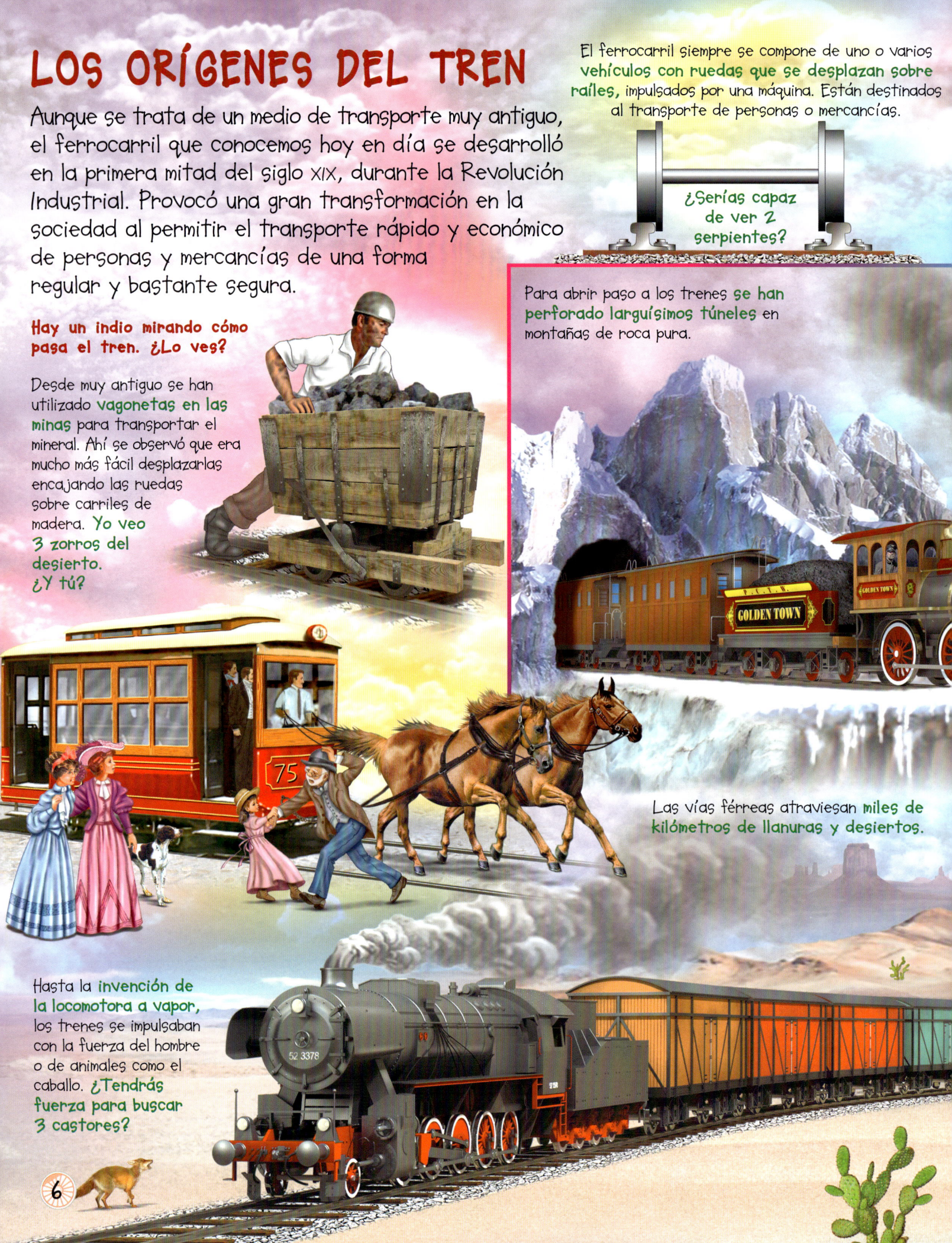

En 1804, el ingeniero Richard Trevithick logró **adaptar la máquina de vapor para crear una locomotora** capaz de arrastrar un tren. Circulaba a una velocidad de 8 km/h.
Hay 2 perros. ¿Los ves?

La locomotora de vapor tenía una **gran caldera donde se quemaba el combustible**, que solía ser carbón. Se apoyaba sobre unos **ejes de hierro con ruedas unidas entre sí**. **¿Puedes encontrar 3 águilas?**

También se **construyeron numerosos puentes** para salvar los desniveles y **se dinamitaron toneladas de roca** para abrir paso en los desfiladeros.

EL CABALLO DE HIERRO

Durante el siglo XIX se llevó a cabo la colonización de las grandes llanuras del oeste americano. El desarrollo del ferrocarril tuvo un papel muy importante en este proceso, ya que logró comunicar estas tierras lejanas con las ricas ciudades del este.

En 1860, se inauguró el **primer ferrocarril transcontinental de los Estados Unidos**, que unía la costa este con la del oeste y comunicaba todo el país. Supuso una auténtica revolución para los habitantes del oeste americano.
¿Ves 5 águilas?
Hay 3 hachas. ¿Las ves?

Tanto la naturaleza como los animales salvajes sufrieron las consecuencias de la llegada del ferrocarril. **Tienes que buscar 3 bisontes más.**

La construcción de las vías férreas a lo largo del continente, atravesando llanuras y montañas, requirió **una gran labor de ingeniería y un trabajo titánico.** El último clavo que se colocó fue de oro, el llamado «Golden Spike».
Con tanto ajetreo han perdido 4 clavos más.

Las locomotoras llevaban protectores de hierro para poder desplazar posibles obstáculos, por si se cruzaba algún animal o caía alguna roca a la vía. **Yo veo 6 lanzas. ¿Y tú?**

El ferrocarril se convirtió en un **elemento fundamental para el desarrollo económico de estas regiones**. Se comenzaron a explotar los productos de la tierra, que eran transportados a otras zonas para su consumo. **Tienes que encontrar 4 rifles más.**

Las compañías ferroviarias se apropiaron de grandes extensiones de terrenos. Posteriormente, **en estas tierras se establecieron pequeños pueblos** que, al estar tan bien comunicados, crecieron hasta convertirse en ciudades. **¿Buscas 2 puñales?**

Los pueblos nativos de América rechazaron totalmente el «caballo de hierro» y el desarrollo que implicaba, y lucharon con todas sus fuerzas contra su construcción. A este tren ya le han clavado 8 flechas. ¿Las ves?

¡PASAJEROS, AL TREN!

El ferrocarril consiste en una locomotora que impulsa una serie de vehículos enlazados entre sí. Éstos se llaman «vagones», si transportan mercancías, y «coches de pasajeros», si lo que llevan son personas.

En los **coches restaurante** se puede comer mientras se viaja, lo que resulta ideal en un trayecto largo.
¿Ves una locomotora de juguete?

Un niño ha perdido un vagón de juguete. ¿Lo buscas?
Hay una gran variedad de modelos y tipos de vagones, según sea su utilidad.

Algunos trenes tienen **vagones de diferentes clases,** desde la más económica y simple hasta la **primera clase,** que puede ser muy lujosa.

Hay coches **diseñados para dormir en ellos.** Son muy utilizados en largos recorridos y se les llama **coches cama. No te duermas y busca 2 barriles.**

Hay **vagones destinados a transportar los equipajes** de gran volumen, que no pueden ir dentro del tren con los pasajeros. **¿Serás capaz de encontrar 6 maletas?**

Los coches de pasajeros modernos cuentan con cómodos asientos, servicios, cafetería, hilo musical, televisión y hasta Internet, para que los ocupantes estén entretenidos y viajar sea todo un placer. No seas comodón y busca 3 cubos.

Durante la primera mitad del siglo XX, el mítico Orient Express, que unía París con Constantinopla, se consideraba el tren más lujoso del mundo y en él viajaban las personalidades más distinguidas de la época. ¡Qué lujo si ves 6 crías de oca!

LAS LOCOMOTORAS

Sin ellas, los vagones no podrían moverse, ya que son las encargadas de dar tracción a los trenes. En ocasiones se necesitan varias para arrastrar cargas pesadas. Las primeras funcionaban con vapor, con el tiempo se inventaron las locomotoras diésel y poco después los modernos trenes eléctricos.

El fogonero ha perdido la pala del carbón. ¿La ves?

Las locomotoras fueron incorporando las nuevas tecnologías. **Las primeras que usaban energía eléctrica** aparecieron a finales del siglo XIX. Un zorro ha salido corriendo. ¡Búscalo!

El tren más largo del mundo se encuentra en Mauritania, lleva más de 200 vagones de carga que forman una cadena de unos **3 kilómetros de largo** y es arrastrado por varias locomotoras diésel de gran potencia. A alguien se le ha caído 1 maletín de viaje.

La locomotora a vapor requería dos personas: el **maquinista** conducía y el **fogonero** se encargaba de la caldera, para regular la potencia. ¿Eres capaz de ver 3 ciervos que corren?

Contenedor del carbón

Depósito del agua

Funcionamiento de la locomotora de vapor

Carbón — Vapor — Distribuidor del vapor — Escape — Pistón
Agua — Caldera

Las locomotoras a vapor **funcionaban con agua y un combustible para calentarla**, que solía ser carbón. Aprovechaban la fuerza del vapor para impulsar el tren. **Hay 2 conejos que están muy asustados. ¿Los encuentras?**

Las famosas **Big Boys** fueron unas **locomotoras a vapor gigantescas**. Pesaban cerca de 550 toneladas, llegaban a alcanzar una velocidad de 130 km/h y eran capaces de arrastrar una carga de 3.300 toneladas.

UNA GRAN TRANSFORMACIÓN

Con el ferrocarril mejoró mucho el transporte de personas y mercancías entre el campo y las ciudades. Al ser más rápido y económico, pronto sustituyó a los caballos y las diligencias, que tardaban incluso semanas en viajar de una ciudad a otra.

2 indios vigilan el tren. ¿Los encuentras?

Hay trenes que prácticamente escalan montañas, son los llamados **trenes cremallera**. El más espectacular es el que sube al monte Pilatus, en Suiza, con una pendiente de casi el 50 %. **Llegarás muy alto si encuentras 4 barriles.**

El transporte de mercancías en carretera es muy frecuente, pero **el tren consume menos energía y contamina menos. ¿Buscas 2 rifles?**

Los trenes cremallera tienen en el centro de la vía un engranaje que **evita que puedan retroceder en las subidas. No te eches atrás y busca 2 zorros que observan la escena.**

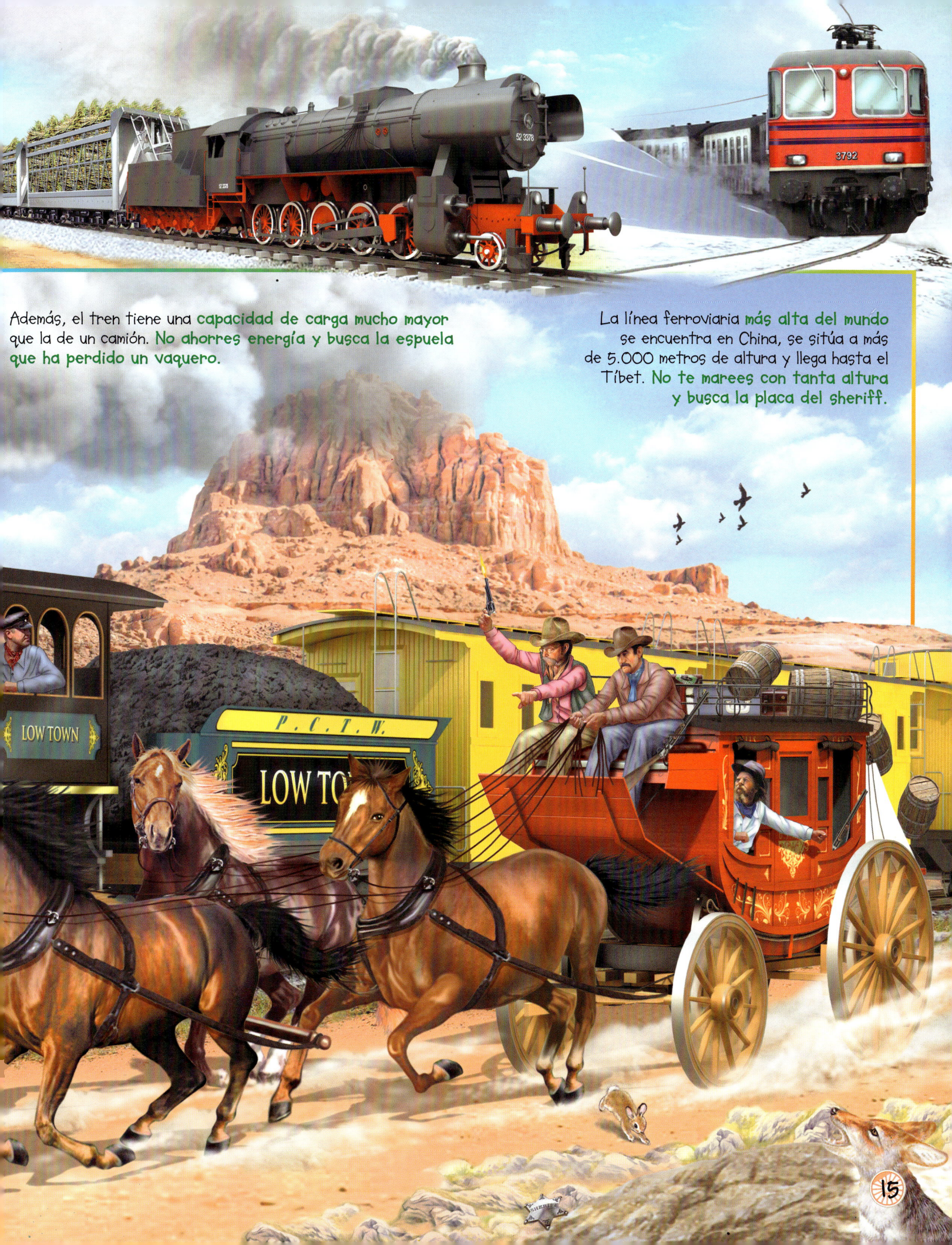

Además, el tren tiene una capacidad de carga mucho mayor que la de un camión. No ahorres energía y busca la espuela que ha perdido un vaquero.

La línea ferroviaria más alta del mundo se encuentra en China, se sitúa a más de 5.000 metros de altura y llega hasta el Tíbet. No te marees con tanta altura y busca la placa del sheriff.

LA ESTACIÓN

Una estación de tren es una instalación ferroviaria a la que llegan y de la que parten los trenes. Cuenta con andenes junto a las vías para que sea fácil subir y bajar de los coches, y servicios para los viajeros, como venta de billetes, sala de espera y lugares de ocio.

Hay un tren que no debe estar en esta estación tan moderna.

Hay estaciones **enormes y majestuosas** y otras, en pequeños pueblos, muy **pequeñas y acogedoras**. Tienes que buscar 4 maletas rojas. ¡Mira bien!

Las grandes estaciones de trenes **son verdaderas miniciudades**. Las hay que tienen museos, restaurantes, cines, salas de juego, entretenimientos infantiles, comercios y todo tipo de servicios. **No puedo encontrar 3 perritos que han entrado en la estación.**

Antiguamente, **a las locomotoras se les daba la vuelta** en las estaciones para que pudieran emprender el viaje de regreso. **Busca 4 personas con mochila.**

En las grandes ciudades, las estaciones de trenes se han convertido en **puntos clave del transporte urbano**. Allí convergen, además de los trenes, el metro, autobuses y taxis, facilitando mucho los desplazamientos.

CLASES DE TRENES

Dependiendo del tipo de vía, de la energía que utilice para moverse, de lo que transporte, por dónde discurra, el recorrido que realice o la velocidad a la que viaje, podemos encontrar los más variados tipos de trenes.

Hay **trenes de carga muy distintos**, que se adaptan al tipo de mercancía que transportan. **¿Buscas 3 maletas?**

Vagón abierto

Vagón plataforma

¿Ves 3 vagones de juguete?

El tren de cercanías es **usado por muchas personas** para ir a trabajar cada día. **Un ferroviario ha perdido su gorra. ¿Se la buscas?**

Hay trenes interprovinciales que **conectan ciudades y pueblos** de varias regiones. Tienen restaurante y coches cama si se viaja por la noche. **¿Reconocerías al jefe de estación?**

Los trenes de alta velocidad son los más modernos y **ofrecen muchas comodidades para viajar**, como la posibilidad de escuchar música o ver películas. Alcanzan velocidades de más de 300 km/h. **¡Alguien ha perdido 2 maletines!**

¿EL METRO ES UN TREN?

Tan acostumbrados a él en las grandes ciudades, a veces parece que es un medio de transporte distinto. Este tren urbano es el resultado de adaptar el ferrocarril a las necesidades de los habitantes de las grandes urbes.

Hay un objeto que no puede estar en el metro. ¿Lo ves?

Las bocas de metro suelen estar en las aceras. En ellas se indica el nombre de la estación. Algunas conservan la misma imagen que cuando se construyeron. No seas antiguo y busca I cochecito de bebé.

Básicamente, el sistema del metro consiste en una red de vías, normalmente subterráneas, que conectan distintos puntos de una ciudad. Por ellas discurren trenes eléctricos para el transporte de personas. Una niña corre en busca de un amigo. ¿La ves?

El primer metro de la historia fue el subterráneo de Londres, que se inauguró en 1863. Poco a poco, fue ampliándose hasta que conectó toda la ciudad. Funcionaba con locomotoras a vapor. Sé el primero en encontrar a una persona con una bolsa azul.

En los transportes públicos como el metro, por lo general, no pueden viajar animales. A los únicos que se les permite la entrada es a los perros guía que acompañan a los invidentes. Se han colado 4 que no lo son. ¿Los ves?

Uno de los metros más bonitos del mundo es el de Moscú, con sus magníficos decorados y cristaleras en sus pasillos y estaciones. **Una escalera no pertenece al metro. ¿Cuál es?**

El tranvía se diferencia del metro en que discurre por una calle que puede ser utilizada por otros vehículos. **¿Ves 4 niños con mochila que van al colegio?**

TREN DE ALTA VELOCIDAD

Este tipo de trenes han tenido un gran desarrollo en los últimos años. Circulan por una vía especial que no comparten con los otros trenes. Su diseño les permite alcanzar velocidades asombrosas y ofrecen grandes comodidades a los pasajeros.

La red europea de trenes de alta velocidad no para de crecer y es previsible que, con el tiempo, éstos reemplacen totalmente a los trenes tradicionales. Una niña caza mariposas. ¿La ves?

Busca 4 halcones peregrino, el ave más rápida del mundo.

El tren más rápido del mundo está en China y supera los 400 km/h. Se ha convertido en una buena alternativa a los viajes en avión. A ver cuánto tardas tú en encontrar 4 ardillas.

La cabina del conductor está dotada de la más alta tecnología, para conseguir la máxima seguridad a unas velocidades impresionantes. Presta atención para buscar 4 conejos que huyen del tren.

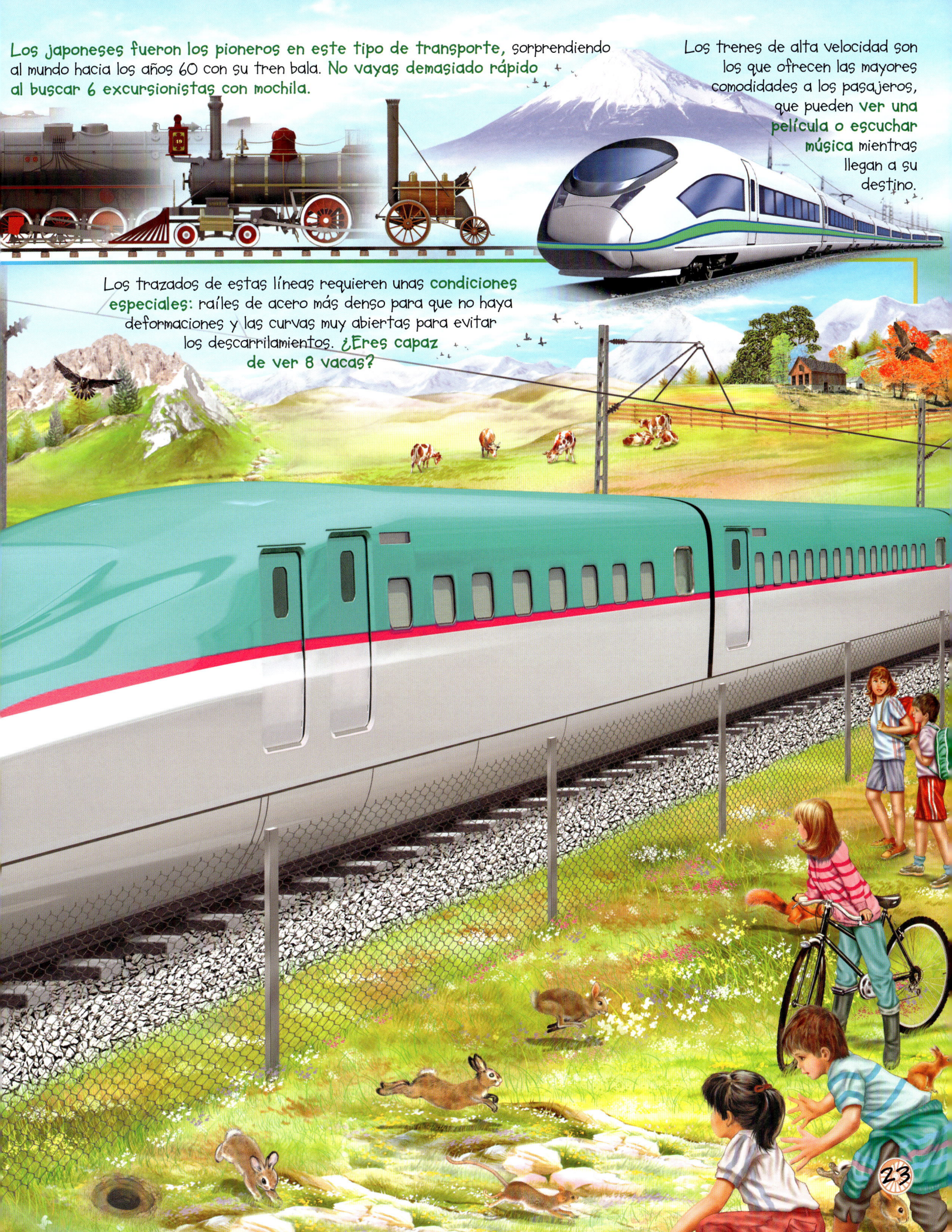

LA LEVITACIÓN MAGNÉTICA

Esta tecnología apunta al futuro. Aquí los raíles ya no son necesarios y el tren se sostiene gracias a potentes imanes, que marcan su trazado y lo impulsan. El tren no está en contacto con la vía, sino que ¡flota en el aire!

Alguien ha olvidado un libro. ¿Lo ves?

 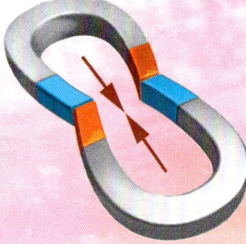

Los polos iguales de un imán se repelen y los diferentes se atraen.

Gracias al propulsor magnético, estos trenes alcanzan **velocidades impresionantes**. Se calcula que pueden superar los 600 km/h.

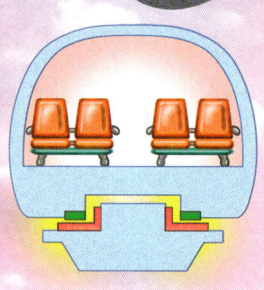 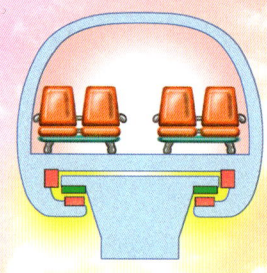

Electroimanes en la vía   Electroimanes en los vagones

Tanto en el vagón como en la vía hay **potentes imanes**, colocados de manera que se repelan entre sí y su **fuerza sea capaz de sostener el tren en el aire**. En esto consiste la levitación magnética. ¿Puedes ver si alguien lleva una bolsa de plástico?

Para propulsar estos trenes también se utiliza la fuerza del magnetismo. La vía contiene numerosos imanes que **cambian rápidamente de polaridad, atrayendo y repeliendo al tren**. Así se logra que el tren avance siguiendo el trazado de la vía. ¿Podrás encontrar 1 bolso rojo?

08-53-481-Km/h

Este transporte **es el más silencioso y suave** que existe, ya que sólo está en contacto con el aire. El tren también pesa menos, puesto que no necesita una locomotora. ¿Te será fácil ver 1 mochila?

Aunque sus ventajas son muchas, también tiene algún inconveniente. El principal es su **gran consumo energético, además del alto coste necesario para crear las vías.** También tiene limitaciones en el peso que puede cargar, así que no es adecuado para el transporte de mercancías. Un niño ha perdido su tren de juguete. ¿Se lo buscas?

Vías para trenes de levitación magnética

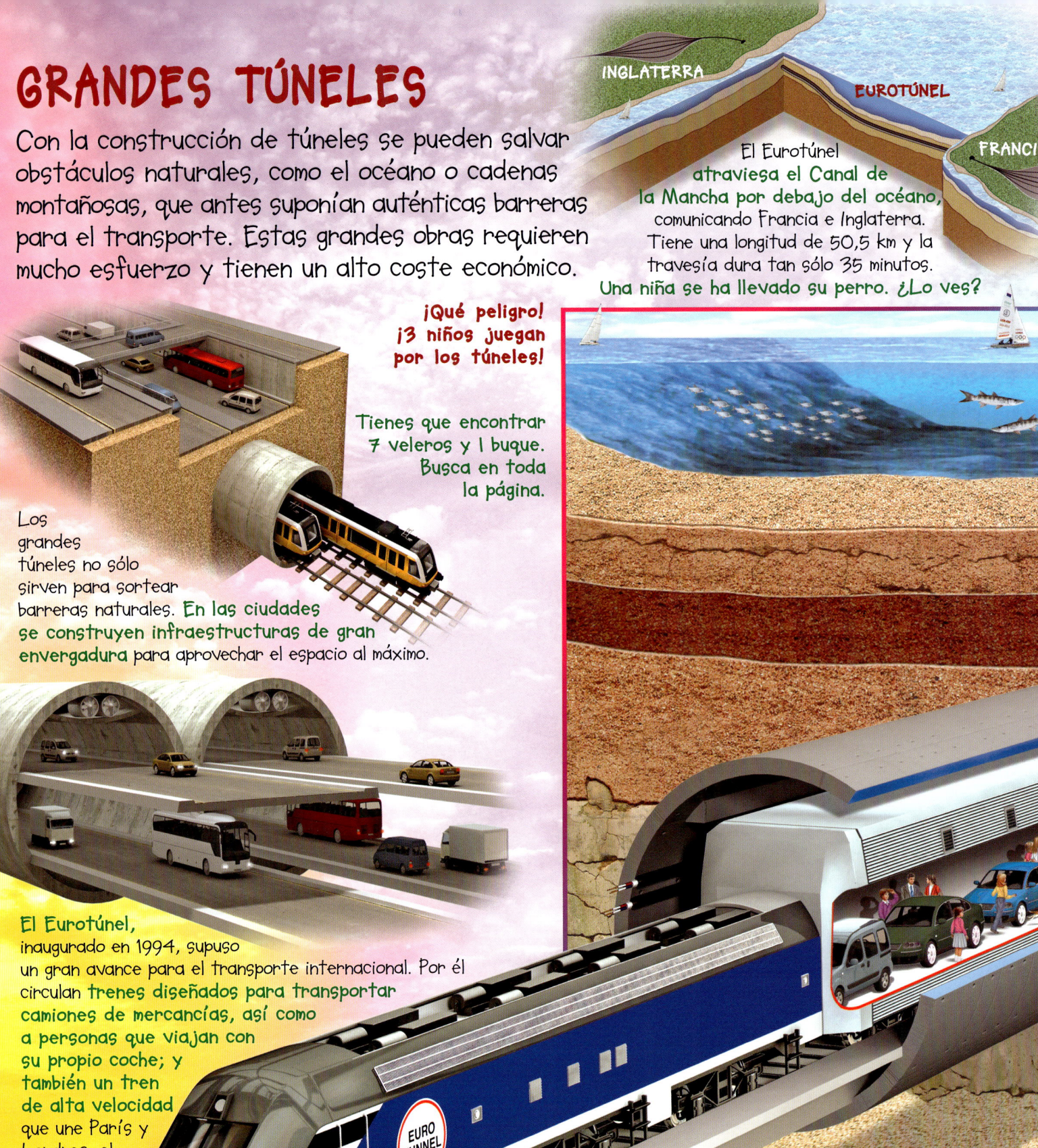

GRANDES TÚNELES

Con la construcción de túneles se pueden salvar obstáculos naturales, como el océano o cadenas montañosas, que antes suponían auténticas barreras para el transporte. Estas grandes obras requieren mucho esfuerzo y tienen un alto coste económico.

El Eurotúnel atraviesa el Canal de la Mancha por debajo del océano, comunicando Francia e Inglaterra. Tiene una longitud de 50,5 km y la travesía dura tan sólo 35 minutos. Una niña se ha llevado su perro. ¿Lo ves?

¡Qué peligro! ¡3 niños juegan por los túneles!

Tienes que encontrar 7 veleros y 1 buque. Busca en toda la página.

Los grandes túneles no sólo sirven para sortear barreras naturales. **En las ciudades se construyen infraestructuras de gran envergadura** para aprovechar el espacio al máximo.

El Eurotúnel, inaugurado en 1994, supuso un gran avance para el transporte internacional. Por él circulan **trenes diseñados para transportar camiones de mercancías**, así como a personas que viajan con su propio coche; y también un tren de alta velocidad que une París y Londres, el Eurostar.
¿Ves 1 calamar gigante?

Tren de transbordo

Túnel de servicios emergencias

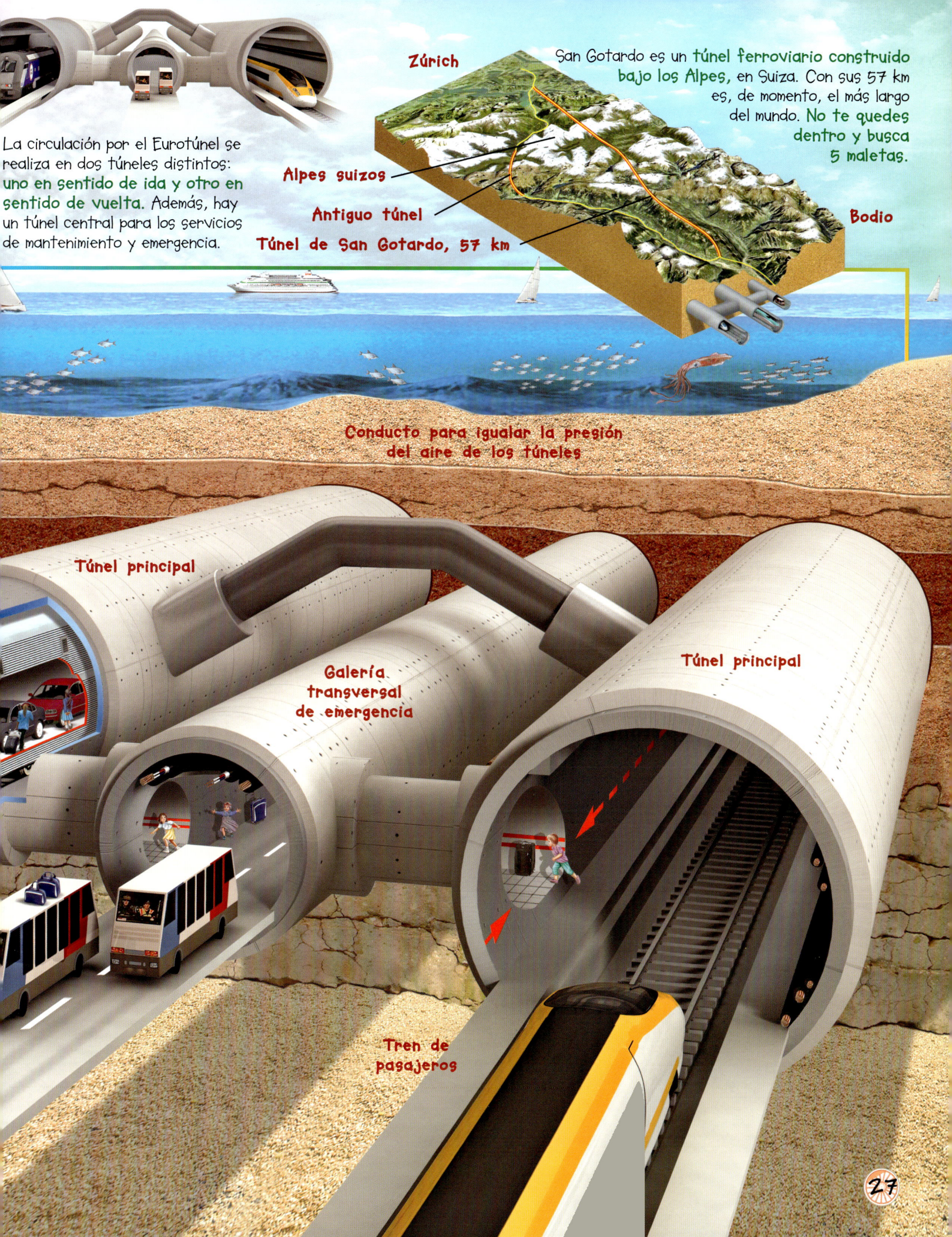

EL FUTURO DEL TREN

Si se lograra vencer la resistencia del aire y aumentar su velocidad, los trenes de levitación magnética podrían reemplazar totalmente a los aviones. Hasta se podría crear una especie de «metro transcontinental».

2 animales son de agua dulce.

El aire actúa como una fuerza que opone resistencia al avance de cualquier medio de transporte. Por eso los aviones vuelan a gran altura, donde el aire es menos denso. Así pueden volar más rápido. ¡Un pulpo gigante ataca a una ballena. ¿Los ves?

El tren de levitación magnética flota en el aire, que es el único elemento que opone resistencia a su avance. Aunque sea muy potente no puede alcanzar la velocidad de un avión. ¡Corre para encontrar 3 peces espada!

Como el tren de levitación magnética transcurre por una vía de la que no se puede salir, el viaje sería muy seguro incluso a estas velocidades tan altas.
¿Ves 2 delfines?

Los científicos han planteado una solución: crear un túnel de vacío por donde discurra el tren. Allí no habría aire y, por lo tanto, tampoco resistencia. Se podrían alcanzar hasta 8.000 km/h.
Hay 4 medusas, ¿las ves?

Se podrían **construir flotadores para que el tren circulara sobre el agua**, o también podría estar sujeto al fondo del mar, como en una autopista transoceánica.
¿Ves 3 tiburones?

En un túnel de vacío, un viaje de Londres a Nueva York, de casi 6.000 km, se podría hacer en menos de una hora.
¿Cuánto tardarás tú en ver 1 pez martillo?